AF189088

Florida

lieben lernen

Der perfekte Reiseführer für einen unvergesslichen Aufenthalt in Florida inkl. Insider-Tipps
und Packliste

Judith Gabel

✈ INHALT

Das erwartet Sie in diesem Buch

Sie interessieren sich für den American Way of Life? Sie sind fasziniert von der unberührten Schönheit der Keys und dennoch unterliegen Sie dem Charme des pulsierenden Key West? Sie begeistern sich für tropische Schönheit und die Krokodile der Everglades einmal aus nächster Nähe zu sehen ist Ihr lang ersehnter Wunsch? Der Nationalpark der Everglades öffnet seine Tore für Sie und bietet Ihnen ein Highlight nach dem anderen. Die Downtown mit ihren gigantischen Wolkenkratzern und

Shopping Malls beeindruckt und begeistert Sie genauso wie Little Havanna? Erleben Sie ein facetten- und abwechslungsreiches Kontrastprogramm auf gerade einmal einigen Meilen verteilt. Die pompöse Hafenpromenade mit ihren unzähligen und gigantischen Kreuzfahrtschiffen wirkt eine große Faszination auf Sie aus? Einmal Daisy und Donald zu treffen, das war schon Ihr Kindheitstraum? Mit einem echten Astronauten zu speisen und von ihm persönlich zu erfahren, wie Weltraum sich anfühlt, das wollten Sie schon immer einmal wissen? Abenteuer, Natur pur und moderner Lifestyle sind für Sie ein gelungener Mix und natürlich sind Sie ein Sonnenfan? **Herzlich willkommen in Florida.**

Es ist kein Mythos: Amerika ist das Land der unbegrenzten Möglichkeiten und hier vor Ort wird dies deutlich spürbar. Sie erhalten Einblicke in die amerikanische Kultur, vielfältige Ausflugtipps, erfahren, wo Sie sich ein Schnäppchen sichern können, und vor allem lernen Sie die herzliche und gastfreundliche Art der Einheimischen kennen. In diesem Buch möchte ich Sie auf meine ganz persönliche Reise mitnehmen und Ihnen von meinen Erlebnissen berichten. Und ich würde mich sehr freuen, wenn auch Ihr

Herz zukünftig für die USA und im Speziellen für Florida schlägt.

Die Anreise

Wer seine Anreise etwas abenteuerlicher als mit dem Flugzeug gestalten möchte, der kann Miami auch auf dem Schiffsweg erreichen. Auf diesem Wege bin ich zum allerersten Mal in die USA/ nach Florida gereist und habe mich sofort in diese traumhafte Kulisse verliebt. Zahlreiche Reedereien bieten Kreuzfahrten, z.B. von Hamburg, Genua und vielen anderen europäischen Häfen aus an. Wer sich für diese Alternative zum Flugzeug interessiert, informiert sich am besten bei einem Kreuzfahrtveranstalter über die diversen Routen und Anlegeplätze. Diese können Sie sich individuell zusammenstellen lassen. Sie haben hierbei vielfältige Möglichkeiten und finden ganz sicher Ihren Favoriten für die Überfahrt. Diese dauert im Schnitt ca. 14 Tage. Bei vielen deutschen Gästen ist die Überfahrt von Genua aus sehr beliebt. Der erste Stopp ist dann meist Madeira (Portugal) Tanger (Marokko) und nach einigen Tagen auf See erreicht man den ersten Anlegeplatz in der Karibik. Ihr Veranstalter informiert Sie über die Einreisebestimmungen. Denn egal, für welche Variante Sie sich auch entscheiden, Sie benötigen für die USA ein Visum.

DIE BESTE REISEZEIT

Die beste Reisezeit für Florida beginnt Ende November und endet Mitte Mai. Die Durchschnittstemperaturen liegen in dieser Zeit zwischen 20 und 25 Grad Celsius. Die Niederschlagsgrenze ist gering und Ihre geplanten Ausflüge und Roadtrips fallen dann nicht buchstäblich ins Wasser. Wer nach Florida kommt, der möchte etwas erleben und nicht nur den ganzen Tag am Strand liegen. Daher gestaltet sich dieses angenehme Klima für die meisten von uns als perfekte Reisezeit. Zwar scheint im Sunshine State Florida das ganze Jahr über die Sonne, jedoch wird es in den Sommermonaten mit durchschnittlich 30 Grad Celsius unter Umständen doch zu heiß für einige Touren. Gleichermaßen regnet es in dieser Zeit sehr viel. Starke Sturmböen und Hurrikane könnten so manche Aktivität zu Nichte machen. Sie werden die Schilder an den Straßenrändern kaum übersehen – Hurricane Pickup Bus - und diese gibt es nicht umsonst, sie werden wirklich benötigt.

Die Mentalität der Amerikaner

Man muss erwähnen - Amerika hat sich aus einem bunt zusammen gewürfelten Völkchen gebildet und das schon lange vor der Globalisierung, wie wir sie heute kennen. Im Allgemeinen herrscht fremden Kulturkreisen gegenüber Toleranz und Wohlwollen vor.

Sie werden es schnell bemerken - wohin Sie auch kommen, man wird Sie immer freundlich begrüßen und nachfragen, ob man Ihnen irgendwie helfen kann. Dienstleistung wird großgeschrieben und hier ist der Kunde bzw. der Gast König. Generell sind die Menschen sehr freundlich und hilfsbereit. Die meisten sind immer offen für einen kleinen Plausch und bevor Sie sich versehen, sind Sie in ein Gespräch verwickelt oder werden zu einem BBQ eingeladen.

Downtown Miami

Zugegeben, der **Bayside Marketplace** ist ein überteuertes Pflaster. Aber, wenn man schon einmal in Miami ist, sollte man es nicht versäumen, dort vorbei zu schauen.

Neben dem weltberühmten Hardrock Café und Hooter's, welches sich durch nur knapp bekleidetes Servicepersonal einen Namen gemacht hat, finden sich hier zahlreiche Bars und Restaurants und ein Open Air Food Court. Die Downtown ist der perfekte Ausgangspunkt für alle Shoppingliebhaber. Rund um den Marketplace finden Sie über 100 Geschäfte und zahlreiche Lokale. Es gibt viel zu entdecken und so langsam ist es Ihnen sicher aufgefallen – in den USA ist alles immer etwas ausgeprägter, größer, imposanter und manchmal auch etwas kitschig.

An der Bayside werden Ihnen reihenweise Ausflüge mit dem Boot oder den beliebten Hop-on/ Hop-off Bussen angeboten.

Schlendert man den **Biscayne Boulevard** entlang, gelangt man in den **Bayfront Park**. In diesem wunderschönen und direkt an der Waterfront angelegten Park können Sie hier herrlich verweilen. Es werden regelmäßig Open-Air-Konzerte oder auch große gesellschaftliche Partys veranstaltet. Die Amerikaner genießen das Beisammensein. Ganz gleich, ob es ein Konzert, ein Football Spiel oder eine Parade ist – Amerikaner lieben und leben das Gemeinschaftsgefühl.

AUSFLÜGE MIT DEM BOOT

Es stehen Ihnen ca. 150 verschiedene Touren zur Auswahl. Tja, wer die Wahl hat, hat die Qual. Im Nachfolgenden habe Ihnen eine kleine Auswahl zusammengestellt:

Wie wäre es mit einer **Luftkissenbootsfahrt** durch die Everglades? Die Veranstalter bieten Ihnen verschiedene Kombipakete zur Auswahl an. In einer rund sechsstündigen Tour können Sie die Landschaft und die sagenhafte Tierwelt dieses einzigartigen Ökosystems kennenlernen. Durchlaufen Sie kleine Dschungelpfade und besuchen Sie eine Alligatorenshow im **Everglades- Nationalpark**. So ein Ausflug in die Wildnis ist ein ganz besonderes Erlebnis. Wenn man durch das kristallklare Wasser der Biscayne Bay gleitet und sich die sonnendurchflutete Miami Skyline vor den Augen erhebt, dann neigt sich ein absolut gelungener Tag mit einem traumhaften, sehr abwechslungsreichen Kontrastprogramm dem Ende zu. Die Kosten belaufen sich auf ca. 60 € pro Person.

Für den Spaß zwischendurch eignet sich eine Tour an Bord eines leistungsstarken **Katamarans**. 45 Minuten Abenteuer a la Miami Vice. Wer kennt sie nicht, die berühmte TV- Serie aus den 80ern? Auf den Spuren von Sonny und Tubbs genießen Sie ultimatives Sightseeing. Die Fahrt entlang der Küste gewährt einen Blick auf die luxuriösen Villen und Häuser von Miami Beach, Star Island und Fisher Island. Die Tour wird jeden Tag ab 11.00 Uhr stündlich angeboten und kostet ca. 35 €.

Sie müssen kein Segelprofi sein, um den **Hobie Cat** zu manövrieren. Am Strand erhalten Sie eine kurze Lektion und bevor Sie sich versehen, segeln Sie schon durch die Key Biscayne Bucht. Der Hobie Cat ist ein kleiner Segelkatamaran, der sehr einfach zu segeln ist. Machen Sie sich keine Sorgen, selbst ich habe es geschafft. Dieses Abenteuer dauert eine Stunde und kostet Sie ca. 79 €.

Wem Miamis Traumstrände nicht genügen oder wer schon immer mal einen **Abstecher auf die Bahamas** machen wollte, der bucht einfach einen tollen Tagesausflug zur Insel Bimini auf den Bahamas. Die Überfahrt mit der **Schnellfähre** dauert gut 2,5 Stunden und schon sind Sie in der Karibik. Freuen Sie sich auf einen unvergesslichen Tag mit Parasailing oder Schwimmen Sie mit Delfinen. Schnorcheln Sie zu einem Schiffswrack oder gönnen Sie sich einen wilden Jetski- Ride entlang der traumhaften weißen Strände und durch das türkisblaue, kristallklare Wasser. Wer möchte, der kann die Insel auch zu Fuß oder mit einem Golfmobil erkunden.

Nach einem etwa 6-stündigen Aufenthalt geht es mit der Fähre und vielen eindrucksvollen Bildern im Gepäck zurück nach Miami. Je nach Zubuchung diverser Aktivitäten kostet der Trip ca. 180 €.

HOP-ON/ HOP-OFF BUSSE

Ganz bequem und ohne sich zu sehr zu verausgaben, können Sie mit dem Bus die Stadt erkunden. Hüpfen Sie an der Bayside einfach in einen der beliebten **Hop-on/ Hop-off Busse**. Zwar gibt es verschiedene Veranstalter, aber die Preise sind fast identisch. Verschwenden Sie also keine Zeit damit, den günstigsten Anbieter zu suchen. Genießen Sie einfach die Fahrt und erkunden Sie Ihr ganz persönliches Wunschziel. Sie können mit den Bussen ca. 40 verschiedene Sehenswürdigkeiten erkunden. Wenn Sie Ihr Ticket online buchen, erhalten Sie in der Regel 10% Rabatt. Obwohl Sie die Möglichkeit haben, diverse Kombitouren zu buchen (z.B. in die

Everglades, inkl. Airboat Ride), würde ich Ihnen dies nicht empfehlen. Nutzen Sie am besten einen Tagespass und steigen Sie aus, wann und wo immer Sie wollen. Ein Must- Do für alle Kunstliebhaber ist der **Wynwood & Design District**. Das Viertel hat sich von einer als gefährlich eingestuften Gegend zu einer hippen und trendigen Location gewandelt und ist heutzutage eines der angesagtesten Viertel der Stadt. Bekannt ist es wegen seiner vielen bunten Wände. Zahlreiche Street- Art- Künstler haben sich hier auf den fahlen und grauen Mauern verewigt und somit das berühmte Freilichtmuseum **Wynwood Walls** erschaffen. Das Viertel erlebte eine gewaltige Entwicklung und mittlerweile haben sich hier viele Kunstgalerien angesiedelt.

Versäumen Sie es nicht, die historische **Flagler Street** zu besuchen. Die Straße wurde nach Henry Flagler benannt. Dieser eröffnete im 19. Jahrhundert das erste Hotel Miamis. Noch heute hat die Flagler Street ihren ganz besonderen Reiz. Neben modernen Geschäften wie Macy´s, finden sich hier zahlreiche kleine Souvenir- und Elektronikläden. Wer also noch eben eine günstige Kamera ergattern möchte, ist hier genau richtig. Die Preise sind hervorragend und in der Regel wird auch gerne gehandelt.

Von der Flagler Street kommt man zu Fuß unkompliziert nach **Little Havana**. Wer schon etwas müde geworden ist und gerne einen Moment verschnaufen möchte, der fährt mit dem Bus oder Taxi.

Speziell hier in Miami hat sich für viele aus Kuba geflüchtete Menschen eine neue Heimat gefunden. Das ehemalige Flüchtlingsviertel in der SW8 Street, auch bekannt als Calle Ocho, hat sich im Laufe der Jahre zu einem beliebten Ausflugsort für Touristen und gleichermaßen für Einheimische entwickelt. In Little Havanna wird ausschließlich spanisch gesprochen. Hier trifft man sich zum kubanischen Lieblingsspiel, dem Domino, welches fester Bestandteil des kubanischen Lifestyles ist. Es duftet nach Kaffee und Zigarren und aus den zahlreichen Zigarrengeschäften und Bars erklingt kubanische Musik und man kann gar nicht anders – irgendwie muss man sich zu dieser Musik einfach bewegen.

Die Inselstadt Miami Beach

ow, schon der Anblick lässt einen erstaunen: Die weiten, weißen Strände mit dem türkisblauen Wasser erstrecken sich über eine Fläche von insgesamt 40 km.

Die vielen Lifeguard- Rettungshäuschen, die auch Sie bestimmt aus der TV – Serie Baywatch kennen, sind im Art déco - Stil bemalt und gehören fest in die Szenerie dieses wunderbaren Strandes. Vier Brücken verbinden den Miami Beach mit dem Festland. Haben Sie es gewusst? Der Strand ist eines der populärsten Reiseziele der Welt und das bestimmt nicht nur wegen der hübschen Skater und Skaterinnen, die an der Promenade ihr Können unter Beweis stellen.

Am südlichen Ende, dem **South Beach**, mit seinen vielen luxuriösen Apartmenthäusern, Szene- Lokalen und exklusiven Shops finden Sie auch das historische **Art déco - Viertel** mit seinen pastellfarbenen Gebäuden und den berühmten **Ocean Drive**. Aufgemachte, kultige Oldtimer parken an der Straße, gerade so als wollten sie sagen: Schaut her, bin ich nicht wunderschön? In South Beach geht es immer ums Sehen und gesehen werden. Stundenlang cruisen vor allem Touristen und junge Menschen die Straße rauf und runter. Versprochen – so viele protzige Mustangs, Camaros oder Corvettes haben Sie noch nie gesehen. Erinnern Sie sich? Anfangs habe ich erwähnt, dass in den USA immer alles etwas größer und imposanter sein muss. So auch die Cocktails in den Bars rund um den Ocean Drive. Die Cocktailgläser haben hier eine überdimensionale Größe erreicht. Vielleicht sind Sie anfangs etwas erstaunt darüber, aber bestimmt lassen auch Sie sich in Versuchung führen und probieren einen leckeren

Erdbeer- Daiquiri oder Ähnliches. Habe ich recht?

Ein solches Spektakel und natürlich die Schönheit der Natur lockt jedes Jahr rund 7 Millionen Besucher nach Miami Beach. Auch viele Amerikaner kommen nach Miami. Alljährlich tummeln sich zum Spring Break zahlreiche Partybegeisterte rund um Miamis Partymeilen. In den Semesterferien herrscht in dem Viertel Ausnahmezustand.

Ich empfehle Ihnen, einen Abstecher nach **Coral Gables** zu machen. Eine kurze Fahrt von ca. 15 Minuten führt Sie von Downtown Miami dorthin. Haben Sie schon einmal in einem stillgelegten Steinbruch für Korallenkalk gebadet? Nein? Diese Gelegenheit bietet sich im größten Süßwasserschwimmbad der USA, dem **Venetian Pool**. Das öffentliche Schwimmbad wurde 1924 im Stil einer venezianischen Grotte errichtet und sollte mediterranes Flair in die USA bringen. Der Eintrittspreis liegt bei ungefähr 15 €.

Das Paradies auf Erden finden Sie im Fairchild Tropical Botanic Garden. Es erwartet Sie eine exotische Pflanzenvielfalt, deren Anblick mit dem Wort Demut wohl am besten zu beschreiben ist. Ein

Wunderwerk der Natur und der Landschaftsarchitektur. Saftiges Grün, riesige Palmen und eine Vielzahl tropischer Pflanzen gibt es hier zu bestaunen. Man vergisst schnell, dass man sich am Rande einer Metropole befindet. Ein Ort zum Verweilen und zum Innehalten.

UNTERKUNFT UND HOTEL TIPPS MIAMI

Nur wenige Schritte vom Strand und knapp 2 km von South Beach entfernt, bietet das Freehand Miami Hotel alles für die modernen Reisenden von heute. Es kombiniert Funktionalität und Komfort mit Zentralität. Obwohl mitten im gelegen, kann man sich hier herrlich von einem aufregenden Tag erholen. Das Preis- / Leistungsverhältnis ist fair. Je nach Saison und Kategorie zahlen Sie hier ab 45 € pro Nacht. Ihnen stehen Doppelzimmer, Mehrbettzimmer und Bungalows zur Verfügung.

Wer es etwas exklusiver mag, der checkt in den Acqua Bay Luxury Apartments ein. Die Ferienwohnungen sind geräumig und modern ausgestattet. Es lohnt sich, nach einer Unterkunft mit Meerblick zu fragen. Da diese Unterkunft im nördlichen Teil von

Miami gelegen ist, benötigen Sie ein Auto oder anderes Verkehrsmittel, um nach Downtown oder South Beach zu gelangen. Dafür genießen Sie hier Ruhe und einen Hauch von Luxus. Exklusive Geschäfte und ausgezeichnete Strände befinden sich in unmittelbarer Nähe und sind zu Fuß gut zu erreichen. Mit ca. 2000 € für ein 4-5 Bett- Apartment für eine Woche müssen Sie allerdings rechnen.

Das Welworth Condo # 206 bietet eine liebevoll eingerichtete Ferienwohnung mit kostenfreiem WLAN an und ist geeignet für 2 bis 4 Personen. Es befindet sich 200 m von Miami Beach und 1,4 km vom Surfside Beach entfernt. Die beiden Vermieter sind sehr nett und die Unterkunft ist schnell ausgebucht. Bei Interesse sollten Sie hier also rechtzeitig buchen. Für die Unterkunft zahlen Sie 50 € pro Nacht.

Next Stop: Die Everglades: Das wohl außergewöhnlichste Feuchtbiotop der Welt ist eine Klasse für sich. Das Feuchtgebiet erstreckt sich auf einer Fläche von 6000 km². Mit dem Auto benötigen Sie von Miami aus gut eine Stunde, um den Nationalpark zu erreichen. Wem es auf eigene Faust zu abenteuerlich ist, der kann auch eine geführte Tour buchen. In unseren Breitengraden kennen wir bestenfalls ein kleines Biotop oder ein Moor. Das mag der Grund dafür sein, dass man von den Everglades so überwältigt ist. Soweit das Auge reicht, sieht man nur die Mangroven, Schilf und tropische Bäume. Es ist warm und angenehm. Die Sonne wirft ein traumhaftes Licht über das Wasser und schickt ihre Strahlen durch die Büsche und das Schilf. Es herrscht eine friedliche Stimmung und man fühlt sich im Einklang mit der Natur. Den ersten Alligator seines Lebens live und in seiner natürlichen Umgebung anzutreffen, ist ein mehr als atemberaubendes Erlebnis. Ein seltsames Gefühl von Faszination und Respekt macht sich breit.

HIER EINIGE BEISPIELE FÜR EINEN GELUNGENEN TRIP:

Vögel und Wildtiere- Foto-Expedition
Auf dieser geführten Öko-Tour erfahren Sie alles über die Flora und Fauna der Everglades. Für Wissbegierige ein interessantes Erlebnis. Der Guide wird nicht müde, Ihnen sein Wissen zu vermitteln und ist gerne bereit, all Ihre Fragen zu beantworten. Mit jedem Meter, den das Boot Sie voranbringt, erwarten

Sie eine neue und vielfältige Szenerie und viele tolle Fotomotive. Die Fahrt durch das Ökosystem mit seinen 10.000 Inseln ist umwerfend. Der anschließende Landgang auf einer unbewohnten Insel ist der perfekte Abschluss für einen gelungen Tag. Die Kosten liegen bei ca. 150 € pro Person.

Airboat- Fahrt und Besuch eines historischen Indianerdorfes

Begeben Sie sich auf die Spuren der Ureinwohner Amerikas. Diese Tour führt Sie gleich durch drei unterschiedliche Öko-Systeme, in der es allerhand zu bewundern gibt. Die uralten tropischen Bäume, eine traumhaft schöne Pflanzenwelt und natürlich die sagenhafte Tierwelt samt ihren wilden Alligatoren. Man kann nur erstaunt sein über die natürliche und unberührte Schönheit dieser einzigartigen Öko-Systeme. Beim Besuch einer indianischen Miccosukee-Familie erfahren Sie vieles über die Lebensgewohnheiten und über die Lebensweise der Indianer. Mich persönlich haben die Indianer schon immer fasziniert. Ich bin beeindruckt von deren Lebensphilosophie und wie dieses Volk, genau wie viele andere Naturvölker, die Gesetze der Natur leben und als einen festen Bestandteil in ihr Leben integriert haben. Dies ist eine Einstellung, von der wir uns Inspiration holen und von deren Erfahrungen wir profitieren könnten, damit wir die Wunder dieser Welt weiterhin genießen zu können.

Sofern Sie in Fort Lauderdale oder dem Miami Date Country untergebracht sind, werden Sie vom Veranstalter von Ihrer Unterkunft abgeholt. Die Kosten belaufen sich auf ca. 120 €. Bei Eigenanreise reduziert sich der Preis entsprechend.

Öko- Kajak-Tour durch die Mangroventunnel

Auf einem bequemen Kajak gleiten Sie durch das Zuhause dieses vielfältigen Öko-Systems. Im größten Mangrovenwald Nordamerikas mit seinen Seen, Bächen und Reservoiren finden sich fruchtbare Orte für viele Reiher, Enten, Störche, Löffler, Otter, niedliche kleine Fische und natürlich für die Herren der Wildnis – die Alligatoren. Der Klang des Waldes und das einfließende Sonnenlicht erzeugen eine mystische Atmosphäre und irgendwie verhält man sich ganz still.

Gott sei Dank gibt es sie noch, diese besonderen Orte, an denen uns Menschen bewusst wird, dass wir hier nur Gast sind. Der Everglades Nationalpark gehört für mich definitiv dazu. Hier spürt man die geballte Kraft der Natur. Man hört auf die Stimmen der Tiere und nimmt den Klang des eigenen Atems beim Anblick der durch das Wasser gleitenden Alligatoren und Krokodile wahr. Ehrfurcht macht sich breit. 1979 wurde das subtropische Naturschutzgebiet von der UNESCO zum Weltkulturerbe erklärt. Die Kosten für diese wunderbare Naturtour: ca. 115 €.

Es gibt zahlreiche Veranstalter und unterschiedliche Preiskategorien für eine Everglades- Tour. Diese richten sich nach Aufwand, Dauer, Verpflegung und Ausstattung der Unternehmung. Bei dieser Angebotsauswahl finden auch Sie leicht eine Tour, die Ihren persönlichen Bedürfnissen entspricht.

Die Florida Keys

Auf dieser Tour durch die Keys erwartet Sie ein weiteres Wunder der Natur. Von **Miami** aus geht es los – am besten natürlich mit einem Cabrio – durch die traumhafte Kulisse der Florida Keys. Der **legendäre Overseas Highway** verbindet die Kette aus über 200 Koralleninseln durch insgesamt 42 Brücken miteinander. Einige der Inseln sind jedoch nur mit dem Boot zu erreichen. Gut gelaunt und mit Abenteuerlust geht es der Sonne entgegen. Der Wind weht einem um die um die Nase, die frische Seeluft wirkt belebend und anregend und mit cooler Musik im Auto fährt man dahin, spürt das Leben und ist glücklich. Entlang der Strecke finden sich unzählige Gelegenheiten zum Anhalten und Staunen. Es gibt noch so viel Unbekanntes zu entdecken. Was für ein atemberaubender Roadtrip! Die Inseln der Keys liegen auf einer Gesamtfläche von 290 Kilometer. Allein 205 km benötigt man bis Key West. Während man so vor sich hinfährt, macht sich ein grenzenloses Freiheitsgefühl breit. That´s the Life!

Die erste Brücke über das Wasser führt Sie nach **Key Largo**. Sie ist die größte der Florida Key- Inseln und ihr Riff bietet gleich mehrere Attraktionen. Zum einen befindet sich hier das drittlängste Riff der Welt, welches zugleich das einzig lebende Korallenriff der USA ist. Kein Wunder also, dass Key Largos **John Pennekamp Coral Reef State Park** ein absolutes Eldorado für Tauchfans und Schnorchler ist. Es gibt 40 verschiede Korallenarten, 650 verschiedene Fischarten und eine goldene Jesus-Statue, die so nah an der Wasserobergrenze platziert ist, dass man sie schon beim Schnorcheln gut erkennen und bestaunen kann.

Auf der Wegstrecke liegt als nächstes Ziel **Isla-morada.** Schlichtweg DIE „**Sportangelmetropole der Welt".** Hier finden Hobby – und Sportangler ausgezeichnete Bedingungen vor. Auf der Atlantikseite steht eher das Hochseeangeln ganz oben im Kurs. Auf der Golfseite werden Ihnen günstigste Angelausflüge zum Buchen angeboten. Man könnte hier von „Flatrate- Angeln" reden.

Das Hobby Sportangeln ist auch bei den Amerikanern sehr beliebt. Der frisch gefangene Fisch geht oftmals direkt an die umliegenden Restaurantbetreiber vor Ort, wo er gleich zubereitet wird und auf dem Tisch landet. Es ist sehr wahrscheinlich, dass Sie bei diesen Düften schnell Lust auf einen lecker zubereiteten Fisch bekommen. Frischeren Fisch als hier hat man Ihnen sicher noch nicht allzu oft serviert. Und dann noch in diesem dazu passenden Ambiente... Hier hat man keinen Stress, hier genießt man den Moment.

Besonders die Kleinen lieben das **Theater of the Sea.** Der kleine Tierpark, in dem gerettete Tiere leben, ist für seine Besucher ein tolles Erlebnis. Hier kann man mit der gesamten Familie völlig entspannt die Delfine, Seelöwen, Schildkröten, viele andere

Meeresbewohner und Papageien bestaunen. Die Showeinlagen der Delfine und Seelöwen finden in regelmäßigen Abständen statt und Sie haben die Möglichkeit zur Interaktion mit den Tieren. Ein ganz zauberhaftes Erlebnis für Groß und Klein. Rund 35 € kostet der Eintritt in das Theater. Die Preise für Zubuchungen, wie z.B. das Schwimmen mit Delfinen, können Sie dem aktuellen Preiskatalog vor Ort entnehmen. Es ist wunderschön zu sehen, wie man sich hier der geretteten Tiere annimmt und wie sehr sich das erfahrene Personal bemüht, jedem Tier genug Zeit und Aufmerksamkeit zu schenken.

Nächstes Etappenziel ist **Marathon,** dem Herz der Florida Keys. Mit seinen naturgeschützten Landabstrichen hat es sich, neben dem doch sehr touristischen Zentrum, seinen Charme bewahrt. Im **Florida Keys Aquarium Encouters,** wartet so manche Attraktion auf Sie. In einem speziell dafür angelegten Becken der Outdooranlage, haben Sie die Gelegenheit mit sämtlichen Meeresbewohnern in intensiven Kontakt zu treten. In dem natürlich errichteten Mangrovenkanal lässt es sich herrlich schnorcheln. Berührungsängste sollte man dabei jedoch nicht haben. Ganz besonders Mutige holen sich ihren Kick bei der Haifischfütterung. Keine Sorge, Sie sind durch eine Glasscheibe geschützt und die Tiere bekommen ihr Fressen durch eingesetzte Futterluken. Wem das zu abenteuerlich ist, der kann sich gerne an der Fütterung der kleineren Fische beteiligen. Der Eintrittspreis liegt bei 24 €. Auch hier können Sie die Preise für die Sonderprogramme vor Ort erfragen oder gleich online die Tickets auf der Website der Florida Keys Aquarium Encouters dazu buchen.

Das Turtle Hospital in Marathon verfolgt seit seiner Eröffnung 1986 vier Hauptziele:

1. Die Rehabilitation verletzter Meeresschildkröten und Rückkehr in ihren natürlichen Lebensraum.

2. Aufklärung der Öffentlichkeit durch Informationsprogramme und Besuch in den lokalen Schulen.

3. Durchführung und Unterstützung von Forschungsarbeiten.

4. Auf die Einhaltung der Umweltgesetze hinarbeiten, um die Strände und das Wasser für Meeresschildkröten sicher und sauber zu machen.

Das Hospital bietet der Öffentlichkeit 7 Tage die Woche geführte Bildungstouren durch das Welcome – Center, den OP-Bereich und die Krankenstation an. Die Führungen finden jeweils zur vollen Stunde statt und bieten einen faszinierenden Einblick in das einzige Schildkröten- Krankenhaus der Welt. Eintritt für Erwachsene: 26 €.

Etwa die halbe Strecke haben Sie schon zurückgelegt, wenn Sie auf der Insel Grassy Key ankommen, wo sich **das Dolphin Research Center** befindet. Dies ist eine Einrichtung, die durch Bildung, Forschung und Rettung das friedliche Zusammenleben und die Kommunikation zwischen Delfinen, Menschen und der Umwelt fördern soll. Die Verhaltensforscher studieren hier die Lebensform und Lebensgewohnheiten von Delphinen und Seelöwen. Im Dolphin Research Center gibt es ein interaktives Programm zu beobachten, welches bei Interesse zugebucht werden kann. Der reguläre Eintrittspreis beläuft sich auf etwa 26 €.

Die Naturschutzgebiete der Lower Keys und Big Pine Keys bestechen mit einem atemberaubenden Blick auf die mannigfachen Mangroveninseln. Versprochen – eine geführte Tour mit dem

Schlauchboot, dem Motorboot oder dem Kajak bleibt unvergessen. Wer möchte, der kann diese Tour mit einem Schnorchel-Stopp abrunden. Das Looe Key Reef bietet Ihnen mit seiner geringen Wassertiefe von gerade einmal 6 Metern hervorragende Sichtverhältnisse.

Die Vielfältigkeit dieser wunderschönen Landschaft ist faszinierend und in Big Pine Key gibt es noch ein weiteres Highlight zu entdecken – den Weißwedelhirsch, der gerade mal so groß wie ein Hund ist. Zu entdecken ist das Key Deer am besten früh morgens oder spät abends. Ein speziell dafür eingerichtetes Aussichtsdeck bietet hervorragende Möglichkeiten, einige Fotos dieser wunderbaren Tiere zu ergattern.

Für diejenigen von Ihnen, die sich nicht an einem Tag auf den Weg nach Key West machen wollen, sondern lieber noch mehr von dieser traumhaften Landschaft mit ihren vielen eindrucksvollen Attraktionen besichtigen möchten, bieten sich auf der Strecke viele Übernachtungsmöglichkeiten an. In Big Pine Key kann ich Ihnen das Parmer's Resort empfehlen, ein 3 Sterne- Hotel an der Barry Ave. Das Resort liegt direkt am Wasser, verfügt über einfache

Zimmer, Suiten, Ferienhäuser und einen Pool. Kostenpunkt: ca. 330 € pro Nacht inklusive Frühstück.

Wer sich einige der genannten Attraktionen ansehen möchte, sollte die Öffnungszeiten bedenken. Wenn der Startpunkt Miami ist, sollten Sie natürlich die Fahrt- und Besichtigungszeiten berücksichtigen. Die meisten Einrichtungen öffnen morgens um 9:00 Uhr und schließen zwischen 16:00 und 18:00 Uhr.

Last but not least - **Ankunft in Key West.** Wow, bis hierhin haben Sie schon so Vieles erlebt, haben auserlesene und einzigartige Plätze entdeckt. Aber hier in Key West werden Sie sich fühlen wie im Paradies. Das Wort „atemberaubend" muss hier entstanden sein. Die weißen Strände und das azurblaue Meer bilden eine perfekte Kombination und hinterlassen in uns ein Gefühl von Demut vor dem Wunder und der Schönheit der Natur. Key West ist bekannt für seine Korallenriffe. Selbstverständlich finden Sie hier ein breites Angebot an Schnorchel- Trips und Glasbodenboot-Touren, Segeltörns oder Yachttouren. An abwechslungsreichen Möglichkeiten mangelt es hier garantiert nicht. Zudem ist Key West auch ein beliebter Stopp für viele Kreuzfahrtschiffe und Attraktion für viele weitere Besucher.

Allabendlich treffen sich Einheimische und Touristen in der Old Town am **Mallory Square**, um den Sundowner über dem Sunset Key und Wisteria Island zu erleben. In dieser faszinierenden Stimmung fühlt man sich dem Himmel ganz nah. Straßenkünstler begeistern mit ihrem Können und so langsam füllen sich die Restaurants und Bars, was unschwer am zunehmenden Geräuschpegel zu vernehmen ist.

Auf einer Tour durch Key West gibt es jede Menge zu entdecken. Neben dem **Hemingway-Haus**, in dem der US- Literaturnobelpreisträgers Ernest Hemingway von 1928 - 1938 gelebt hat, gibt es noch zahlreiche weitere Museen zu besuchen. Hemingway kam mit seiner zweiten Frau Pauline nach Key West. Deren Onkel schenkte ihm 1931 das Gebäude, welches sogar teilweise noch mit den Originalmöbeln von damals bestückt ist.

FÜR MUSEUMLIEBHABER

Das **Mel Fisher Maritime Museum** verfügt über Schätze & Überreste aus den Schiffswracks. Jede Küstenstadt, die etwas auf sich hält, hat ihr Seemannsgarn zu spinnen und Key West bildet da keine Ausnahme. Im Maritime Museum sind viele Artefakte einiger berühmter, in den Florida Keys untergegangenen, Schiffe zu entdecken. Größtenteils stammen diese von Handels- und Sklavenschiffen aus dem 17. und 18. Jahrhundert. Gehen Sie durch das Tor der Vergangenheit und erfahren Sie von den Anfängen des Sklavenhandels. Beeindruckend, faszinierend, unheimlich und aufregend zugleich. Ein Eintrittsticket erhalten Sie ab 15 €.

Das **Fort East Martello Kunst-Museum** war ursprünglich ein Fort, das um 1860 zum Schutz vor Angriffen der Konföderierten erbaut wurde. Zwar wurde in der Region nie eine Schlacht ausgetragen, dennoch wird das Fort immer noch als wichtiger Bestandteil des Bürgerkrieges betrachtet. Heutzutage finden Sie dort historische und beeindruckende Kunstwerke aus dem 20. Jahrhundert. Rund 12 € kostet der Eintritt ins Museum.

Das **Custom House – Architektur und**

Kunstmuseum, das im Jahr 1891 als Zollhaus eröffnete, ist ein imposantes Gebäude. Ein wahres Wunderwerk architektonischer Bauweise. Später diente das Gebäude dann der US- Marine als Hauptquartier für die Operationen in der Karibik und am Golf von Mexiko. Nachdem es für ungefähr 20 Jahre leer stand, wurde es 1991 originalgetreu renoviert. Das mittlerweile preisgekrönte Museum ist offizieller Sitz der Key West Art & Historical Society. Auf den zwei Etagen des Museums erfahren Sie die Zusammenhänge über Zwei Jahrhunderte Kunst, Ereignisse, Geschichte und die Menschen dieser Epoche. Erwachsene zahlen 12€ Eintrittsgeld.

Fünf der sieben Meeresschildkrötenarten der Welt sind auf den Florida Keys zu finden. Unglaublich, aber wahr – bis das Gesetz zum Artenschutz erstmals im Jahre 1973 erlassen wurde, boomte hier die Jagd auf Meeresschildkröten. Das heutige **Turtle Cannery Museum** war früher die Meeresschildkröten-Konservenfabrik. Sie diente einerseits als Touristenattraktion und andererseits als Schlachthaus. Die ehemaligen Besucher konnten den Schildkröten in den „Turtle Kraals" noch beim Schwimmen zusehen, bevor sie dann zu Schildkrötensteaks oder

Schildkrötensuppe verarbeitet wurden. Gott sei Dank gehört die Schildkrötenindustrie der Vergangenheit an und heute trägt das Museum zum Schutz der Meeresschildkröten bei. Der Eintritt ist frei, eine Spende wird jedoch gerne gesehen.

EINKAUFEN, BARS, RESTAURANT UND NIGHTLIFE

Die **Duval Street** ist ein Stadtviertel im Zentrum von Key West, welches sich im Laufe der Zeit zu einer Einkaufsmeile mit vielen Shops, Bars, Restaurants und Galerien entwickelt hat. Tagsüber macht das Bummeln durch die Straße viel Spaß, meist geht es jedoch recht laut zu. Wer es also lieber etwas beschaulicher mag, ist hier fehl am Platze. Am Abend wird die Straße zu einem Schaulaufen für die vielen Amüsierfreudigen, die sich gerade in der Stadt aufhalten. Leider sieht man oft auch betrunkene Passanten, was für Amerika eigentlich sehr untypisch ist. Dennoch mag ich sie irgendwie, die Duval Street. Vor allem liebe ich die Mozzarella Cheese Sticks im **Sloppy Joe´s**. Es sind die Besten, die ich je gegessen habe.

Wen wundert es, dass es hier in Key West, das quasi vor den Toren der Bahamas gelegen ist, auch ein Viertel gibt, welches sich **Bahama Village** nennt? Der Name entstand einst, als sich viele Einwanderer des benachbarten Inselstaates hier ansiedelt und niedergelassen haben. In dem kleinen Dörfchen hast sich seit damals nicht viel verändert und somit konnte der Charme des ursprünglichen Key West erhalten werden. Es ist geprägt durch viele unterschiedliche kulturelle Einflüsse und Bräuche, die hier seit je her fortbestehen. Zu diesen gehört beispielsweise auch das **Goombay Festival.** Jedes Jahr im Oktober findet das karibische Goombay Spektakel statt. Goombay ist ein bahamischer Musikstil, der mit einer Trommel aus Ziegenhaut kreiert und der Sound mit den Händen erzeugt wird. Es ist ein faszinierendes Event! Sofern Sie im Oktober vor Ort sind, sollten Sie es nicht verpassen. Es versprüht Lebensfreude pur und die ist ja bekanntermaßen ansteckend. Stürzen Sie sich in das Getümmel und genießen Sie den Augenblick.

UNTERKUNFT KEY WEST

Das **Southwings Hotel** befindet sich am South Beach, ist sehr gepflegt und zentral. Die Übernachtung inklusive Frühstück kostet ca. 390 €.

Knowles Houses ist ein wunderschönes Bed & Breakfast, die Preise sind erschwinglich und für gut 210 € gibt ein ausgewogenes, leckeres Frühstück mit dazu. Der Service ist freundlich und fürsorglich. Wir haben uns dort sehr wohl gefühlt.

Boyd´s Campground finden Sie an der Maloney Ave. Der familiengeführte Traditionscampingplatz bietet Zeltunterkünfte ab 69 € an.

OUTDOOR KEY WEST UND WILD LIFE

The Key West Nature Preserve
Wahrscheinlich haben die meisten Besucher gar keine Ahnung davon, dass es auf dieser turbulenten Stadtinsel ein ausgewiesenes Naturschutzgebiet gibt. Key West bietet so viele Attraktionen und Aktivitäten, dass man schon mal was übersehen kann. Wenn die Naturschutzzone auch nur recht klein ist und inmitten einiger Apartmentgebäude

liegt, sollten Sie sich davon nicht abschrecken lassen und es sich anschauen. Der Weg zum Strand ist eine kleine Abenteuerreise durch ein wahres Stück Wildnis. Es ist das Zuhause zahlreicher Vögel, Eidechsen, Landkrabben und Schlangen. Die Mangrovenwälder sind beeindruckend und der Strand ist vollkommen unberührt. Das **Key West Nature Preserve** ist ein ganz erstaunliches, verstecktes, kleines Juwel. Einst von der Stadt Key West erworben, wird es heute vom Key West Garden Club unterhalten. Das Preserve ist täglich von Vormittag bis Sonnenuntergang geöffnet und ein Ausflug dahin lohnt sich sehr.

Key West Tropical Forest & Botanical Garden
Ruhesuchende statten dem **Key West Tropical & Botanical Garden** einen Besuch ab. Erleben Sie chillige Momente in dem von Wald, Promenaden und Pfaden umgebenen, wunderschönen Garten. Hier haben viele gefährdete Pflanzenarten eine Heimat gefunden. Man kann die Schildkröten beim Schwimmen im Teich beobachten, den Anblick der Leguane genießen, die hier ihre Kreise ziehen und irgendwie hat man das Gefühl, als wäre die Zeit für einen kleinen Moment stehen geblieben. Sie

brauchen wegen der Leguane keine Bedenken haben, sie sind nicht an den Menschen interessiert. Der Ausflug ist sowohl für Erwachsene als auch für Kinder geeignet und für rund 10 € finden Naturliebhaber genau, was sie suchen – ein Stück unberührte Natur, abseits des quirligen Key West.

Dolphin Safari Charters

Dies ist eine Tour der Extraklasse, die ich Ihnen unbedingt ans Herz legen möchte. Um die Mangrovenwälder herum, geht es auf die Westseite von Key West und dann mit voll Speed zu den Tummelplätzen der Delfine. Delfine sind wunderbare Wesen. Und diese in ihrem hauseigenen Spielplatz zu beobachten, ist ein Erlebnis, dass sich nur schwer in Worte verpacken lässt. So fühlt sich pure Energie an. Meine Seele macht bei diesem Anblick einen Freudensprung. Sanft und anmutig gleiten die Delfine durch das blaue Wasser, schauen neugierig daraus hervor und spielen miteinander. Sie haben nicht nur den Eindruck, als würden diese liebenswerten Tiere eine kleine Show für Sie veranstalten - es ist tatsächlich so. Delfine sind echte Entertainer. Freuen auch Sie sich darauf, diese beeindruckenden Tiere beim Toben und Spielen in freier Wildbahn zu bestaunen. Mich wundert es nicht, dass die sanften Wesen bei unterschiedlichen Erkrankungen therapieunterstützend eingesetzt werden. Ich kann meinen Blick nicht abwenden und pure Freude und Glücksgefühle machen sich breit. Der anschließende Stopp bei einem Riff offenbart Ihnen einen Blick auf viele andere Meeresbewohner, wie z.B. die Rochen, die Mantas und eine Vielzahl an farbenfrohen kleinen Fischen, die man hier ungestört beobachten kann. Dieser Ausflug abseits des Massentourismus ist wärmstens zu empfehlen. Ich war begeistert und werde garantiert wiederkommen. Erwachsene zahlen für diesen Ausflug 99 €, Kinder unter 10 Jahren 79 €.

Port of Miami
Floridas größte **Hafenanlagen** befinden sich auf der extra dafür angelegten, künstlichen Insel **Dodge Island** in der **Biscayne Bay.** Die gigantischen Kreuzfahrtschiffe zu sehen übt eine ganz besondere Faszination auf mich aus. Ich habe für eine Weile auf einigen dieser Ozeanriesen gearbeitet und ein Lächeln huscht über mein Gesicht, wenn ich an diese Zeit zurückdenke. Es ist eine ganz besondere Atmosphäre, die einen beim Anblick dieser Giganten umgibt. Das

hektische Treiben beim Ein- und Ausstiegen der Passagiere, die Food Supplier, die frische Ware an Bord bringen und die vielen Menschen aller Nationalitäten, die sich hier aufhalten. Es herrscht regsames Treiben und eine Multikulti-Stimmung macht sich breit. Man hat das Gefühl, als befände sich gerade die gesamte Weltbevölkerung im Hafen von Miami.

Die Schiffe sind bereits oberhalb des Wassers sehr imposant und beeindruckend zu betrachten. Wer aber einmal die Ausmaße unterhalb der Wassergrenze gesehen hat, dem eröffnen sich ganz neue Dimensionen. In den beim Schiffspersonal benannten Katakomben befinden sich viele wichtige Departments wie die Wäscherei, die Feuerwehr, das Sicherheitsdepartement, eine Müllentsorgungsanlage, die gesamte Maschinerie, Werkstätten und Lager. Vielleicht haben Sie während Ihres Aufenthalts im Hafen die Gelegenheit, ein Kreuzfahrtschiff im Trockendock zu sehen.

Wer nicht mit dem Schiff angereist ist oder für diejenigen, die auf den Geschmack gekommen sind und nun von Kreuzfahrten gar nicht mehr genug bekommen können, finden sich rund um den Hafen und auch in Downtown eine Menge Kreuzfahrtbüros. Sie können aus einer Vielzahl von Reedereien und Reisebüros wählen und Ihren individuellen Aufenthalt an Bord eines Kreuzfahrtriesen buchen.

Ob es ein Kurztrip in die Karibik sein soll oder eine Tour zu einem anderen US- Port, es bleiben keine Wünsche offen. Was Sie auch möchten, hier bekommen Sie ein breites Angebot zur Verfügung gestellt. Die Dauer einer Reise ist unterschiedlich, meist jedoch finden 3- oder 7- Tagekreuzfahrten einen großen Anklang. Achtung Schnäppchenjäger, hier lohnt sich der Vergleich. Nicht nur die Route ist preisentscheidend, auch die Größe und die Modernität des Schiffes. Neue, sehr luxuriöse Schiffe, die mit vielen Besonderheiten und Extras, wie etwa einem Golfplatz oder einer riesigen Kletterwand an Deck aufwarten, verlangen in der Regel für den Luxus und die Ausstattung etwas mehr als die weniger exklusiv ausgestatten, älteren Schiffe.

Auch die Wahl der Kabinenkategorie spielt natürlich eine enorme Rolle. Das Rahmenprogramm jedoch ist sehr identisch und ähnelt sich im Allgemeinen. Auf jedem Schiff bekommen Sie neben den 3 Mahlzeiten – Frühstück, Mittag- und Abendessen -

24/7 Roomservice, Teatime und ein Mitternachts-buffet geboten. Selbstverständlich all inclusive. Auch die Attraktionen am Zielort sind die Gleichen.

Buchen können Sie diese an Bord beim Excursion Desk. Jedes Schiff verfügt über ein Theater mit vielseitigem Entertainment Programm und Live Shows. Ein Kino, Casino, Giftshops für den zollfreien Einkauf von Schmuck, Tabakwaren, Parfüm usw. fehlen auch auf keinem Schiff. Auf dem Passagier-sonnendeck finden Sie eine Poolanlage, Restaurant und Bar vor. Wer sich für Technik interessiert und den Kapitän sowie die Navigationsoffiziere gerne kennenlernen möchte, der nimmt einfach an einer kostenlosen Führung auf die Schiffsbrücke teil. Un-terschiedlich sind lediglich die o.a. Faktoren zum Thema Ausstattung. Eines jedoch ist gewiss - so günstig wie von Miami aus kommen Sie nie mehr in die Karibik.

Einige Reedereien bieten spezielle **Disney Crui-ses** an. Wer also sowieso vorhat, sich nach Disney World zu begeben, der schaut am besten gleich nach einem entsprechenden Angebot.

Orlando FL - Cape Canaveral und Walt Disney World

Cape Canaveral ist ein Küstenabschnitt auf Merritt Island, im Brevard Country und befindet sich ungefähr in der Mitte der Ostküste Floridas. Im Süden der Insel befinden sich die wichtigsten Weltraumbahnhöfe der amerikanischen Raumfahrt, aber dazu kommen wir ein wenig später. Zunächst möchte ich Sie in die **Walt Disney World** entführen.

Allgemeine Infos

Auf einer unvorstellbaren Fläche von rund 15.000 Hektar befinden sich mittlerweile sechs verschiedene Disney Parks. Ende August 2019 kam die Star Wars- Welt hinzu. Es ist stark davon auszugehen, dass in naher Zukunft noch weitere Themenparks kreiert und eröffnet werden. Die beiden Wasserparks sorgen für jede Menge Spaß, was schon von Weitem zu hören ist. Eine Vielzahl an Hotels lädt Sie zum Übernachten ein. Ich kenne niemanden, der nicht zumindest einige der Disney- Helden kennt. Nun haben Sie die Gelegenheit, auf deren Spuren zu wandeln und in eine wunderbare Märchenwelt einzutauchen. Es erwartet Sie ein fantastisches Erlebnis für Groß und Klein.

Der größte Freizeitpark der Welt ist rund 24 Kilometer südlich von Orlando an der Interstate 4 in den Bezirken **Orange Country** sowie **Osceola Country**, zu finden. In dem Park selbst befinden sich zwei Städte: **Lake Buena Vista** und **Bay Lake.**

Wer nicht mit dem eigenen Auto oder dem Mietwagen anreisen möchte, der kann von Orlando aus auch mit den öffentlichen Verkehrsmitteln zur Walt Disney World gelangen. Die Parkgebühren sind nicht ganz billig und richten sich nach Lage und Saison. So zahlt man beispielsweise für einen Parkplatz in der Nähe des Eingangs ca. 45 €, während ein Standard-Parkplatz weiter hinten ca. 26 € kostet. Die Parkgebühren an den Resort- Hotels liegen bei ungefähr 22 €, je nach Hotelkategorie und Saison. Die Standard-Parkplätze an den Wasserparks sowie in der Gegend von Disney Springs sind jedoch kostenfrei. Es ist also schon eine Überlegung wert, entweder eine gewisse Distanz in Kauf zu nehmen oder eventuell mit dem Bus anzureisen.

Bei den Ticketpreisen verhält es sich ähnlich. Allerdings ist der Preis sehr davon abhängig, welchen Themenpark Sie buchen, ob Sie nur ein Tagesticket lösen oder gleich mehrere Tage im Walt Disney

World verbringen möchten. Es sind auch Kombitickets, in Verknüpfung mit einem Besuch in einem der beiden Wasserparks, zu erhalten. Es ist also alles sehr individuell gestaltbar und entsprechend zu betrachten. Aus diesem Grunde ist es an dieser Stelle nicht machbar, nähere Preisauskünfte zu geben. Es ist deshalb ratsam, sich bereits vor einem Besuch zu informieren, sich einen Eindruck zu verschaffen und den Disney Aufenthalt in aller Ruhe von Zuhause aus zu planen und dann das geeignete Ticket online zu bestellen. Selbstverständlich können Sie Ihr Ticket auch am Eingang kaufen.

DIE THEMENPARKS

Diese sind nicht nur ein Paradies für Kinder, die hier ihren Filmhelden begegnen und große Augen bekommen. Den meisten Erwachsenen geht es ähnlich. Es ist wie eine Art Déjà-vu - Erlebnis. Helden sterben nicht und viele der Figuren kennen wir noch aus unserer eigenen Kindheit.

Magic-Kingdom-Park
Der erste große Themenpark, **Magic Kingdom mit seinen insgesamt** 40 Attraktionen, 15 Entertainment-Angeboten und über 30 Essensmöglichkeiten, verschafft schon einen ersten Eindruck vom Ausmaß und dem Gigantismus dieser besonderen Welt. Unter anderem steht hier das weltberühmte Cinderella – Schloss mit seinen blauen Dächern. Von hier aus haben Sie den besten Beobachtungspunkt für die vielen Paraden und Feuerwerk- Shows, die es zu bestaunen gibt. Man betritt den Park durch die **Main Street, U.S.A.** mit ihren vielen Souvenirshops und Restaurants. Wahrscheinlich begegnen Sie hier schon zum ersten Male Donald Duck und Co.

Als Transportmöglichkeiten stehen Ihnen die Railroads oder auch Main Street Vehicles und eine von Pferden gezogene Straßenbahn zur Verfügung. Im **Adventureland** dreht sich alles um fremde und exotische Länder. Die Piraten der Karibik haben hier Einzug gehalten und bieten ihre vielseitigen Attraktionen an. Im „Wild, Wild West" **Frontierland** begegnen Sie Cowboys und Indianern, während im **Liberty Park** der Themenschwerpunkt auf der amerikanischen Revolution liegt. Im **Haunted Manison** wird es gruselig und es ist nicht unbedingt für die Kleinsten zu empfehlen. Diese sind im **Fantasyland** viel besser aufgehoben – hier trifft man auf Peter Pan, Winnie the Pooh, Dumbo und viele andere liebenswerte Charaktere. Die für starke Nerven erbaute **Space Mountain Indoor Achterbahn** finden Sie im futuristischen **Tomorrowland.**

Epcot Park

Im **Vergnügungspark Epcot Center** schauen Sie der Zukunft ins Auge. Das macht schon das Wahrzeichen von Epcot sehr deutlich. Bereits von Weitem erkennt man die Kugel, in der das **Spaceship Earth** seine Runden zieht. In diesem und auch im **Mission Space**, geht es dann in Richtung Zukunft ins Weltall.

Die **Future World** und **World Showcase** präsentieren sehr fortschrittliche Technologien. Hierbei hat man unterschiedliche Kulturen in den Vordergrund gerückt.

Disney´s Hollywood Studios

Im Themenpark **Disney´s Hollywood Studios** dreht sich, wie der Name schon erahnen lässt, alles um Hollywoods Filmwelt. Die Besucher werden ganz in die Traummaschine Hollywood versetzt und fast fühlt man sich wie ein kleines aufstrebendes Filmsternchen, welches seinen Traum von einer großen Karriere so gerne verwirklichen möchte. Sie haben die Möglichkeit, an einer geführten Tour teilzunehmen, die Ihnen einen spannenden und aufregenden Blick hinter die Kulissen der Disney-Filme verschafft. Eine weitere Hauptattraktion ist sicherlich die kindgerechte Achterbahn **Slinky Dog Dash**, die sich großer Beliebtheit erfreut.

Star Wars Galaxy´s Edge

Mit dem **Millennium Falcon** auf Schmugglerspuren: Übernehmen Sie die Kontrolle über das schnellste Schiff der Galaxis. Erleben Sie einen gewagten Flug im Cockpit des Millennium Falcon. Es ist ganz egal, ob Sie Pilot, Ingenieur oder Schütze sind, jede Rolle ist maßgebend, entscheidend und abenteuerlich.

Die Motoren heulen auf, als der Millennium Falcon startet und Sie und Ihre Crew werden in Ihre Sitze zurückdrückt, wenn Sie in den Hyperraum in Richtung Abenteuer fliegen. Auf dem Weg dorthin sind Sie an jeder Ecke einer neuen Gefahr ausgesetzt. Wird Ihre Mission erfolgreich sein oder wird sie scheitern? Es liegt allein an Ihnen - finden Sie heraus, ob Sie das Zeug dazu haben den Millennium Falcon zu manövrieren. Get ready to rumble!

Disney´s Animal Kingdom
Tierische Abenteuer bei Disney: **Der Disney´s Animal Kingdom** ist eine weitere neue Errungenschaft im Walt Disney Resort. Zu erkennen ist er an seinem Wahrzeichen, dem **Tree of Life**. Der Themenpark ist aber kein Zoo, hier haben vielmehr die Wunder der Natur Einzug gehalten. Im Themenland **Dinoland U.S.A**, dreht sich, wie der Name schon andeutet, alles um die prähistorischen Riesen, welche schon immer eine Faszination auf uns Menschen ausgewirkt haben. Neben anderen Themenländern wie **Afrika** und **Asia**, findet Sie im Kingdom noch das **Discovery Land** und **Planet Watch**. Im Disney´s Animal Kingdom begeben Sie sich auf eine aufregende Safari oder steigen auf den nachgebauten Mount Everest.

Die Wasserparks

Typhoon Lagoon

In den Typhoon Wasserpark gelangt man durch ein tropisches Paradies. Hier herrschte einst ein gewaltiger Sturm, bei dem so Allerlei an Land gespült wurde. Unter anderem finden Sie einen Fischkutter, Surfbretter und Anglerbedarf am Strand. Jedoch bietet der Beach nicht nur Strandgut. Die weißen Sandstrände laden zum Verweilen und Relaxen ein, bevor oder nachdem Sie sich im Wasser ausgetobt haben. Für den kleinen Hunger zwischendurch können Sie sich an den Strandbuden mit Verpflegung versorgen. Zusätzlich zu den Shops gibt es noch mehrere Restaurants. Spektakuläre Rutschen laden zum Abenteuer ein. Um zu einigen der Rutschen zu gelangen, muss man erst den Berg **Mount Mayday** erklimmen. Zahlreiche Wasserfälle fallen über die diversen Hügel hinab und bieten eine herrliche Erfrischung. Ein toller Wasserspaß für Erwachsene und Kinder. Im **Castaway Creek** Fluss können Sie sich wunderbar auf einem Schwimmring dahintreiben lassen und auch Rafting muss nicht immer wild sein - im **Miss Adventure Falls** finden Sie kindgerechte Rafts, in denen garantiert die ganze Familie Spaß hat. Falls

Sie sich im **Surf Pool** befinden, achten Sie auf das Horn. Wenn es ertönt, geht es los und 1,80 Meter hohe Wellen brechen aus dem Nichts hervor. Viel Vergnügen beim Wellenreiten.

Blizzard Beach

Der **Mount Gushmore** wurde eher unfreiwillig zum Wahrzeichen des Blizzard Beaches. Ein dort geplantes Ski-Resort konnte aufgrund der schlechten Schneebedingungen nicht in Betrieb genommen werden. Und hier zeigt sich erneut eine typisch amerikanische Philosophie.

Wenn etwas nicht geht, funktioniert man es um. Hierzulande findet ein guter Einfall immer Anklang. Kurzerhand wurde das Resort von einem Schnee- in ein Wasserresort verwandelt. Welch eine taktische und brillante Idee, die ihre ganz eigene Erfolgsstory schreibt. Im Sommer, in der Regel von Mai bis August, werden die **Frozen Games** abgehalten. Schneeballschlachten und Skistock Limbo sind auch für diejenigen, welche Schnee sonst lieber meiden, ein toller Spaß. Haben Sie schon einmal eine Rutsche mit dem Skilift erreicht? Hier am Mount Gushmore ist dies möglich.

Die **Summit Plummet** kann sich zu den

steilsten Rutschen der Welt zählen. Diese ist ganze 36 Meter lang und auf dem Ride hinab können Sie bis zu 96 km/h erreichen. Aufgepasst, für schwache Nerven ist das Nichts. Dafür ist das **Teamboat,** der gleichnamigen Springs, sehr viel besser geeignet. Hier sitzt die ganze Familie in einem bequemen Raft und rutscht, wenn auch nicht in einer wilden Fahrt, sondern mit angenehmer Geschwindigkeit ins Wasser hinab. Wer wird **Toboggan Champion**? Gleich acht Rutschen befinden sich nebeneinander und laden förmlich zu einem Wettrutschen ein.

Information: Egal für welchen Disney Themenpark oder welches Eintrittsticket Sie sich entscheiden, bitte beachten Sie, dass der Eintritt in die beiden Wasserparks darin nicht inkludiert ist.

Die Disney Springs

Dies ist das Vergnügungsviertel der Walt Disney World. Es erwarten Sie unzählige Geschäfte, Boutiquen, Restaurants und Bars. Natürlich darf auch hier das Entertainmentprogramm nicht fehlen. In dieser fantasievollen Welt ist alles auf Unterhaltung ausgerichtet und es wird Ihnen garantiert nicht langweilig werden. Speziell am Abend ist hier richtig was los und die Straßen füllen sich mit Menschen. Bei den großen Distanzen und vielen Wegen, die man in Disney World beschreiten kann, wird man schon mal etwas müde. Gott sei Dank gibt es ja auch noch das **Disney Transport System** (Bus oder Wassertaxi), in dem man mal eine kleine Verschnaufpause einlegen kann und bequem ans nächste Ziel transportiert wird. Das Vergnügungsviertel öffnet seine Pforten täglich um 10:00 Uhr morgens und schließt um Mitternacht. Sie haben also mehr als ausreichend Zeit, Ihre Highlights zu genießen. Als kleine Entscheidungshilfe habe ich Ihnen hier meine Favoriten angefügt:

Im **Boathouse** erwartet Sie nicht nur eine exzellente Küche. Das gesamte Ambiente hat mich fasziniert und die Atmosphäre dort ist speziell zum Sonnenuntergang ein wahres Erlebnis.

Ich weiß ja nicht, wie es Ihnen geht, aber ich liebe Indianer Jones. In entsprechender Aufmachung erwarten Sie in der **Jock Lidsey´s Hangar Bar** unzählige erlesene Cocktails und kleine wohlschmeckende Snacks.

Eine Naschkatze wie ich kommt am **Ghiradelli Ice Cream- und Chocolate Shop** nicht vorbei. Warum auch? Hier lockt die süße Versuchung in Form von leckerer Eiscreme, Shakes und Schokolade in allen Variationen.

Obwohl ich nicht unbedingt der Souvenirjäger bin – um das ein oder andere Mitbringsel aus dem **World of Disney Shop** bin auch ich nicht herumgekommen. Hier gibt es einfach alles, was das Disney-Fan- Herz begehrt: Kaffeetassen, Schlüsselanhänger, T-Shirts und natürlich eine riesige Auswahl an Stofftieren.

Disney´s Boardwalk lockt gleichermaßen mit hervorragendem Essen, tollen Bars und einem genialen Unterhaltungsprogramm. Eine Bootsfahrt oder ein Spaziergang um den See rundet einen aufregenden, abenteuerlichen Tag harmonisch ab.

Die Disney Resort Hotels

Da es unmöglich ist, das komplette Disney Programm mit all seinen Themenparks und den vielen Attraktionen in einem Tag zu durchlaufen, ohne sich dabei total zu verausgaben und am Ende doch nicht alles gesehen zu haben, empfehle ich Ihnen ein Mehrtagesticket. Die verschiedenen Möglichkeiten und Kombinationen sind individuell gestaltbar. Eine Übernachtung oder für eingefleischte Fans auch mehrtägige Aufenthalte in einem Resort Hotel, machen durchaus Sinn. Sie finden die Hotels in jedem Themenpark. Eine Ausnahme bilden hier nur die Hollywood Studios. Und wie könnte es anders sein? Im **Disney Art of Animation Resort** hat man sogar die Möglichkeit, in diversen Themenzimmern zu nächtigen. Das **Magic Kingdom Resort** bietet den Campern Stellplätze für Wohnmobile und Zelte an. Alles in allem offeriert diese wunderbare Welt vielfältige Gestaltungsvarianten. Je nach Budget, Vorlieben, Reisezeit, Kategorie und Interesse bietet Ihnen jede Unterkunft und jeder Themenpark zahlreiche Möglichkeiten zur Auswahl an. So ist es ein Einfaches, Ihren ganz individuellen und persönlichen Aufenthalt in der Walt Disney World zu organisieren.

Aktivitäten und Ausflugsmöglichkeiten in Cape Canaveral:

Sie haben in Orlando viele Hotels, Motels und sonstige Übernachtungsmöglichkeiten zur Verfügung. Die Preise liegen im Schnitt ab 59 € aufwärts. Es gibt für jedes Budget, zahlreiche Unterkunftsmöglichkeiten. In der Nähe des Kennedy Space Centers ist mein Tipp das Ramada Titusville/ Kennedy Space Center Hotel. Von hier aus erreicht man auch andere Sehenswürdigkeiten in Cape Canaveral leicht. Um zu den Orlando Themenparks zu kommen, benötigt man eine knappe Stunde. Der Preis für die Übernachtung inklusive Frühstück liegt bei 150 €.

Der **Jetty Park** ist der Park, der gar kein Park ist. Jetty ist ein Strand, der zugegebenermaßen nicht mit den Miami Beaches mithalten kann, aber dennoch sehenswert ist. Von hier aus kann man die großen Kreuzfahrtschiffe sehr gut beobachten, da der Hafen von Cape Canaveral ein- und Ausstiegsort für Passagiere ist. Mit viel Glück kann man auch einen Raketenstart beobachten. Hier lässt es sich gut verweilen oder an der Promenade entlangschlendern.

Die **Florida Beer Company**: Ein Tag im Tap Room ist für Bierliebhaber ein Muss. Hier kann man sich bei einem kühlen, wenn auch unbekannten, Bier gut entspannen und eine leckere Kleinigkeit dazu essen.

Das **U.S. Air Force Space & Missile Museum** ist zwar ein relativ kleines, aber doch sehr feines Museum. Wer das Kennedy Space Center (KSC) nicht besucht hat, der sollte dem Museum unbedingt einen Besuch abstatten. Es wird vom KSC als **"Cape Canaveral Early Space Tour"** angeboten. Die lebendigen Erzählungen des Guides und die imposanten

Ausstellungsstücke geben einen Einblick in die Geschichte der Raumfahrt. Wirklich sehenswert und sehr interessant. Kostenpunkt: Erwachsene zahlen 25 €, der Eintrittspreis für Kinder liegt bei 19 €.

Der **Exploration Tower** bietet ein Außenbeobachtungsdeck in Form eines 7-stöckigen Turmes. Von der obersten Etage hat man einen Panoramablick auf den Hafen von Cape Canaveral, die Schiffe und das KSC. Auch Strand, Fluss sowie die spektakuläre Tierwelt in Brevard Country lassen sich von hieraus überblicken. Eine gelungene Kombination aus Beobachtungspunkt, Restaurant, Shop, kleinem Theater, einer mietbaren Veranstaltungsetage und einer Ausstellung von interaktiven Exponaten. Entdecken und lernen Sie die frühen Bevölkerungsgruppen, die ersten europäischen Siedler und die Geschichte des Hafens kennen. Hier kommen Vergangenheit und Gegenwart Zentralfloridas zusammen. Auf einer Fläche von 2,750 Quadratmetern lässt sich allerhand erkunden. Der Tower ist täglich von 10:00 – 17.00 Uhr geöffnet. Ein Ticket für Erwachsene kostet 6 €, für Kinder zahlt man die Hälfte.

DAS KENNEDY SPACE CENTER

"Your Mission starts here!" Dies ist der Slogan des **Kennedy Space Centers** und dieser trifft den Nagel auf den Kopf. Ein Besuch hier ist schon etwas ganz Besonderes. Faszinierend, imposant und - zumindest für mich - auch irgendwie scary. Hereinspaziert und herzlich willkommen im Hauptquartier der NASA. Gewinnen Sie Ihre ganz persönlichen Eindrücke von der Faszination Weltall und wie der Mensch dorthin kommt. Bestaunen Sie die Raketen aus nächster Nähe und treffen Sie einen echten Astronauten. Durchlaufen Sie eine Zeitreise der Raumfahrt - von den Anfängen bis heute.

Der **Kennedy Space Center Besucherkomplex** unweit von Orlando öffnet täglich ab 9:00 Uhr seine Pforten. Die Schließung ist allerdings saisonabhängig. Ihnen wird eine Vielzahl von Ticketoptionen und -paketen geboten, welche Sie direkt im Besucherzentrum erwerben können. Jedoch empfehle ich Ihnen, dies online vorzunehmen. Die Kasse des Besucherzentrums ist an manchen Starttagen geschlossen. Wenn Sie sich Ihr online gebuchtes Ticket ausdrucken, können Sie das Besucherzentrum direkt betreten. Wie Sie sich sicher denken können, sind die Touren durch das KSC sehr beliebt und es wäre doch zu schade, wenn Sie Ihre favorisierten Attraktionen nicht sehen könnten, weil diese just an Ihrem Besuchstag bereits ausgebucht sind. Bitte bedenken Sie auch – das Kennedy Space Center ist eine funktionierende Raumfahrtanlage. Es ist also möglich, dass einige Attraktionen des Besucherkomplexes aufgrund innerbetrieblicher Maßnahmen geändert oder gar geschlossen werden müssen. In diesem Falle stellt man Ihnen ein Alternativprogramm zur Verfügung.

Die Attraktionen sind im Tageseintritt enthalten.

Aber wo beginnen, wenn es doch so vieles zu entdecken gibt? Am besten bei den Anfängen der Weltraumforschung bis hin zu laufenden Missionen. Ganze Nationen, aber vor allem natürlich die Vereinigten Staaten, waren inspiriert von dem Gedanken, die Sterne für die Menschen ein Stück greifbarer zu machen. Der Countdown wurde weltweit verfolgt. Pioniere schreiben Geschichten und das ist der Stoff, aus dem Helden entstehen. Die Helden dieser frühen Zeit finden Sie in der **U.S. Astronaut Hall of Fame.** Von den Gefahren der frühen Weltraummissionen

Amerikas zu erfahren, erzeugte bei mir einen gewissen Nervenkitzel. Begeben auch Sie sich auf eine beeindruckende Reise, die Gedanken darüber wecken soll, wie und warum Menschen zu Helden werden. Lassen Sie sich beeindrucken vom Beginn des Weltraumzeitalters und von diesen mutigen Astronautenpionieren. Die US-Astronaut Hall of Fame - Kandidaten werden übrigens von einem speziellen Komitee der Astronaut Scholarship Foundation ausgewählt.

Das Team hinter dem Apollo Projekt

Das Herzstück des Apollo-Weltraumprogramms und einem bemerkenswerten Jahrzehnt war und ist das Team, das in der Missionskontrolle tätig war. Sie kamen aus den unterschiedlichsten Schichten und Klassen und so wurde aus sehr gewöhnlichen Anfängen etwas Außergewöhnliches geschaffen. Der Stoff, aus dem Träume sind.

Besuchen Sie während Ihres Aufenthalts im Kennedy Space Center unbedingt auch das **Universe Theatre** und die **Northrop Grumman Group.** Bei der Northrop Grumman Group handelt es sich um einen US-amerikanischen Hersteller von Rüstungstechnik für die Schiff-, Luft- und Raumfahrt sowie die

Informationstechnologie. Erfahren Sie alles Wissenswerte und Interessante über das brillante Team hinter dem Apollo Projekt. Ein ca. 45-minütiger Film legt Zeugnis ab über die recht zögerlichen Anfänge bis zu den erfolgreichen Mondlandungen. Das Ganze wird unterstützt von den Stimmen der Apollo- Astronauten.

Im **Rocket Garden** haben Sie die wohl einmalige Gelegenheit, echtes Mondgestein zu berühren und die Technologien kennenzulernen, die uns gelehrt haben, der Schwerkraft zu trotzen.

Eine ganze Nation befand sich im Fieber, als Alan Shepard den ersten US-amerikanischen HUMan-Weltraumflug absolvierte. Aber hier im **Rocket Garden** geht es nicht nur um die technische Meisterleistung. Vielmehr ist dies als eine Hommage an die Wissenschaftler und Ingenieure zu betrachten, die die Träume vom Flug ins All in die Realität umgesetzt haben.

Die täglichen Führungen, die von einem Weltraumexperten durchgeführt werden, geben Aufschluss über die Geschichte der frühen Raketenwissenschaften. Auch das ist sehr typisch für die Vereinigten Staaten: Hier feiert man seine Helden gebührend, Wertschätzung wird gelebt. Wer Leistung erbringt, der erfährt Anerkennung und gewinnt das Herz eines gesamten Volkes. Solche Helden werden mit einem Fest, einer Laudatio oder in einer bzw. an einer Hall oder Wall of Fame geehrt. Man ist stolz auf sich, auf die Nation und dies ist auch in der Nationalhymne nicht zu überhören: „I´m proud to be an American…"

Die Artefakte der APOLLO

In dieser Galerie finden sich wahre Schätze. Kostbare Dinge wie Medaillen, Prototypen und Trainingsausrüstung erzählen die Geschichte von den Astronauten und ihrer Ausrüstung. So entdecken Sie beispielsweise Alan Shepards noch mit Mondstaub bedeckten Raumanzug. Zudem sind authentische Artefakte der Apollo 14 – Mannschaftskapsel hier ausgestellt.

Moonscape ist eines der beeindruckenden neuen Exponate im **Apollo/ Saturn V Center**. Es zeigt die Szene von Apollo 11, in der Buzz Aldrin und Neil Armstrong die amerikanische Flagge auf die Mondoberfläche gesteckt haben. Und wer kennt sie nicht – die Szene und den weltberühmten Satz: **„Dies ist ein kleiner Schritt für einen Menschen, aber**

ein riesiger Sprung für die Menschheit." ("That's one small step for (a) man, one giant leap for mankind.") Diesen historischen Satz sprach Neil Armstrong, als er am 21. Juli 1969 als erster Mensch den Mond betrat. Ich bekomme immer noch eine Gänsehaut.

Das wohl auffälligste Artefakt ist das Lunar Module 9 (LM-9), ein authentisches Mondmodul, welches für das Apollo- Programm erbaut wurde. Sie haben nun die Gelegenheit, sich das berühmte Fahrzeug aus nächster Nähe anzusehen.

Sie erhalten ein Briefing und einige technische Informationen über die einzelnen Teile des Mondmoduls und des Apollo- Raumanzugs und Sie bekommen zu sehen, wie weit ein Golfball mit der geringeren Anziehungskraft des Mondes fliegen kann. Wer es selbst versuchen möchte, der darf sich im Starten und Landen des Mondmoduls üben. Klappt es auch mit dem Andocken am Befehlsservicemodul? Ein wenig tricky ist es schon. Hier werden Ihre Fähigkeiten in drei interaktiven Herausforderungen auf die Probe gestellt.

Hinter der Szenerie des Kennedy Space Centers

Auf dieser Erkundungstour fahren Sie mit dem Bus hinter die die Kulissen des KSC. Zu sehen sind unter anderem der historische **Launch Compley39** und das **Vehicle Assembly Building.** Sie haben ausreichend Gelegenheit, tolle Fotos zu schießen.

Wollten Sie schon immer einmal einen richtigen Astronauten treffen?

Diese wohl einmalige Gelegenheit bekommen Sie hier im KSC an jeden Tag. Wenn es auch auf Ihrer Wunschliste steht, sollten Sie diesen seltenen Moment, erfahrene NASA-Astronauten zu treffen, nicht verpassen. Während des **Astronaut Encounter** tauschen Kommandeure, Piloten, Missions- und Nutzlastspezialisten, die im Weltraum gelebt und gearbeitet haben, ihre Erfahrungen während einer Live-Präsentation aus. Irgendwie ist es ein sehr spezielles Gefühl, einem Astronauten zu begegnen und ihm die Hand zu schütteln. Normalerweise kennen wir die Jungs nur aus dem TV. Zudem bekommen Sie noch ein Foto mit einem der wenigen Menschen, die den Weltraum bereist haben und Sie können die Fragen stellen, die Ihnen schon immer auf der Seele gebrannt haben. Auch ein Besuch beim diensthabenden Astronauten im Space Shop gehört dazu.

Bitte informieren Sie sich bei Ihrer Ankunft über den Tagesablauf und die vorgesehenen Autogrammstunden. Ein Blick in den Veranstaltungskalender lässt Sie wissen, welcher Astronaut am Tag Ihres Besuchs im Dienst ist. Die Veranstaltung wird im Universe Theatre präsentiert.

Der Start eines Space-Shuttles im Simulator wird Sie bestimmt beeindrucken und einen bleibenden Eindruck hinterlassen. Gleiches gilt selbstverständlich auch für die Rückkehr. Erleben Sie, wie es sich anfühlt, zur Erde zurückzukommen.

Privat Tour mit einem Astronauten Guide
Wer ein besonderes Highlight erleben möchte, der ist mit einer kleinen Truppe und einem privaten und erfahrenen NASA- Astronautenführer im KSC unterwegs. Mit dem Weltraumführer an Ihrer Seite erleben Sie quasi die Geburtsstunde der amerikanischen Weltraumgeschichte. Sie erkunden das Space Shuttle Atlantis und fahren mit dem Bus zu vielen weiteren und berühmten Sehenswürdigkeiten des KSC. Beim anschließenden Essen mit dem Astronauten können Sie all Ihre Fragen stellen und Sie bekommen

ausführliche Antworten aus erster Hand. So nah waren Sie dem Mysterium Universum noch nie. Das Kennedy Space Center bietet Ihnen wirklich Außergewöhnliches.

Hubble Observatorium - Das Teleskop

Mit dem Weltraumteleskop werden astronomische Objekte mit einem Winkeldurchmesser von nur 0,05 Bogensekunden unterschieden. Zu Ihrem besseren Verständnis – das ist in etwa die Bestimmung der Breite eines 1 Cent Stücks aus einer Entfernung von 138 km. Können Sie sich das vorstellen? Diese Auflösung ist ungefähr 10 Mal besser als die, die von den viel größeren bodengestützten Teleskopen erreicht wird. Dank dieser hohen Auflösung kann Hubble kleinste Objekte wie Staubscheiben um die Sterne herum oder leuchtende Kerne extrem ferner Galaxien lokalisieren. Die Astronomen erhalten somit einen genauen Einblick in die energetischen Prozesse, die zur Erzeugung einer Strahlung führen.

Das Teleskop wiegt ungefähr 12.300 kg. Das ist mit der Größe und dem Gewicht eines Schulbusses zu vergleichen. Das Observatorium wird von zwei Solaranlagen angetrieben, die daraus gewonnene Energie wird in sechs großen Batterien gespeichert.

Mit den Batterien kann das Observatorium in den Schattenbereichen der Umlaufbahn von Hubble betrieben werden, wenn die Erde die Sicht des Satelliten auf die Sonne blockiert.

Das Hubble- Weltraumteleskop nimmt Bilder aus dem Weltraum auf, die aufgrund atmosphärischer Veränderungen oder Lichtverschmutzung nicht von der Erde aus aufgenommen werden können. Im letzten Vierteljahrhundert hat das Hubble-Weltraumteleskop mehr als 1 Million Beobachtungen des Universums durchgeführt. Es hat zu besserem Verständnis dieses uns unbekannten Raumes geführt und den Weg für einige bedeutende Fortschritte in der Wissenschaft und in der Technologie geebnet. Durch die Beobachtung von schwarzen Löchern entdeckte Hubble die „Dunkle Energie" in den schwarzen Löchern. Diese mysteriöse Kraft führt dazu, dass das Universum sich mit der Zeit immer weiter ausdehnt.

Im **Hubble Observatorium** des Kennedy Space Centers finden Sie eine maßstabsgetreue Nachbildung von HST. Es hängt von der Decke und sieht so aus, als befände es sich mit seinen ausgefahrenen Sonnenkollektoren gerade in der Erdumlaufbahn.

Auch erfahren Sie im **Hubble Theatre** alles über die Reparaturmission des Space-Shuttles Atlantis im Jahr 2009.

Das **Space Shuttle Atlantis** ist ebenfalls hier ausgestellt und erzählt die Geschichte des mittlerweile 30-jährigen Space-Shuttle-Programms der NASA.

Neben vielen neuen und auch sehr technischen Informationen wartet das Hubble Observatorium auch mit einer beeindruckenden 3D- Animation auf. Vergessen Sie Raum und Zeit und unternehmen Sie einen Spaziergang auf dem Mond. Wieder auf der Erde gelandet, geht Ihnen so einiges durch den Kopf - tiefgründige Gedanken über die Entstehung der Welt und des Lebens. Obwohl die Menschheit ständig forscht - das Universum wird uns wohl nie alle seine Geheimnisse preisgeben.

Goodbye

Ein weiterer beeindruckender und facetten-
reicher Tag neigt sich dem Ende zu und bevor dieser wunderschöne Urlaub nun end-
gültig vorbei ist, haben Sie noch etwas Zeit für Ruhe
und Erholung. Am besten entspannen Sie sich am
Strand, lassen sich noch einmal von der Sonne küs-
sen, schauen noch einmal das türkisfarbene, klare
Wasser, schließen die Augen und träumen bereits
von Ihrem nächsten Besuch.

Mein Fazit für Florida? Everything goes! Wo
sonst bekommt man so viele Highlights, bemessen
an den geringen Distanzen, die man hierfür

zurücklegen musste, geboten? Wir haben atembe-raubende und tolle Programme, Unterhaltung, Natur pur, Wissen und Technik, Amüsement und viele un-vergessliche Momente erleben dürfen.

Mit all diesen Eindrücken im Gepäck geht es wieder nach Hause und ich bin mir recht sicher, die meisten von Ihnen kommen wieder. Nächstes Mal vielleicht sogar für etwas länger? Es gibt noch so viel mehr zu entdecken. Mach´s gut Sunshine State and see you soon.

Packliste

Geld & Finanzen

O (evtl.) Auslandswährung
O Bargeld
O Bauchtasche
O Brustbeutel
O Bauchtasche
O EC-Karte
O Kreditkarte
O Notfall-Telefonnummern der Banken
O Portmonee

Hygiene

O Haarbürste / Kamm
O Deo (klein)
O Shampoo
O Kulturtasche
O Sonnencreme
O Taschentücher

O Reise-Zahnbürste und Zahnpasta

O Verhütungsmittel

Kleidung

O Badeklamotten

O Gürtel

O Hosen kurz / lang

O Mütze / Cap / Hut

O Pullover

O Regenjacke

O Schlafanzug

O Socken

O Sonnenbrille

O Sportklamotten / Jogginghose

O T-Shirts

O Unterwäsche

Medikamente

O Blasenpflaster

O Anti-Durchfalltabletten

O Erste-Hilfe-Set

O Fiebertabletten
O Fiebertabletten
O Mückenschutz
O sonstige Medikamente
O Pflaster
O Kopfschmerztabletten

Unterlagen & Papiere

O ADAC Unterlagen
O Adresslisten für Postkarten
O Krankversicherungsnachweis
O Stadtplan
O Führerschein
O Unterlagen für die Unterkunft
O Wasserdichte Hülle für Reiseunterlagen
O Impfausweis
O Mietwagenunterlagen
O Personalausweis
O Reisepass
O Reisetagebuch
O evtl. Studentenausweis

O evtl. Visum
O Zug- / Bahn- / Flugticket

Taschen & Rucksäcke

O Koffer / Trolley / Reisetasche
O Regenhülle für Rucksack
O Rucksack

Schuhe

O Badeschlappen / Hausschuhe
O Schuhe und Wechselschuhe

Sonstiges

O Brille / Kontaktlinsen und Etui
O Buch zum Lesen
O Ohrenstöpsel und Schlafmaske
O Regenschirm
O Reisedecke
O Wasserflasche
O Wörterbuch

Elektronik

O Digitalkamera
O Handy
O Ladekabel
O Kopfhörer
O evtl. Steckdosenadapter
O Power-Bank

Herstellung und Verlag:

BoD – Books on Demand, Norderstedt

ISBN: 9783750494114

© Judith Gabel 2020

1. Auflage

Kontakt: Psiana eCom UG/ Berumer Str. 44/ 26844 Jemgum

Covergestaltung: Fenna Larsson

Coverfoto: depositphotos.com

FSC
www.fsc.org

MIX

Papier aus ver-
antwortungsvollen
Quellen
Paper from
responsible sources

FSC® C105338